TO

From

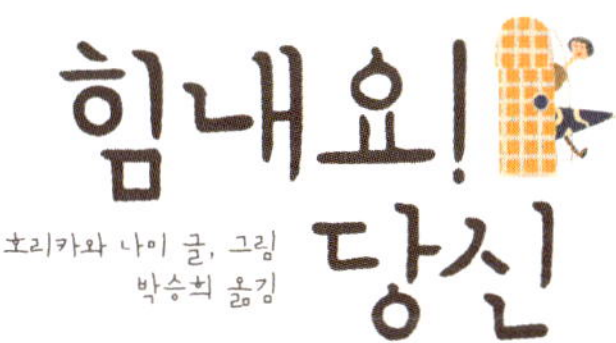

indigo
Story and mate

이 문을 열면 어떤 세계가 기다리고 있을까

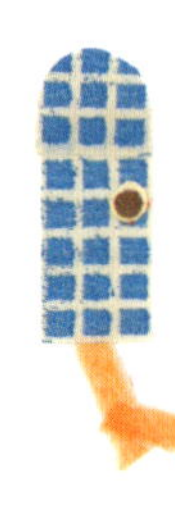

새로운 일을 시작할 때,
가슴이 콩닥콩닥 뛸 때,
인생에 변화가 생길 것 같은 예감이 들 때,
치맛자락을 펄럭이며 새로운 문을 향해 다가서는 여자아이를 상상해요.
조금도 쭈뼛거리지 않고 문을 향해 씩씩하게 걸어가는 여자아이를.

현실 속의 저는 새로운 문을 열기 위해 많은 용기와 시간이 필요한 사람이에요. 어쩌면 상상 속에 활기찬 여자아이를 동경하고 있는지도 모르겠어요.

제게 '새로운 문'은 매일 마주하는 일상의 사소한 것들 속에 있어요.

새 원피스를 입고 나가보자, 머리를 잘라보자, 한 번도 이야기를 나눠

본 적 없는 친구에게 말을 걸어보자, 처음 보는 가게에 들어 가보자…….

다른 사람들은 간단히 열 수 있을 것 같은 작은 문 앞에서 저는 몇 시간씩 망설이고 고민하는 사람이에요. 그럴 때마다 깨닫곤 하지요. 미리 포기하고 문을 열지 않는 것보다는 문을 열고 앞을 향해 나가보는 것이 더 즐겁다는 사실! 새로운 세계가 조금씩 넓어지는 건 나 자신의 세계도 그만큼 넓어지는 거라고 생각해요.

우리는 매일 새로운 문을 만나요. 커다란 문, 작은 문, 알록달록한 문, 묵직한 문, 열쇠가 없는 문……. 씩씩하게 문을 열고 앞으로 나아가보세요. '이 문을 열면 어떤 세계가 날 기다리고 있을까?' 궁금해하며 한 걸음씩 앞으로 걸어가면 매일매일 가슴 설레는 하루가 기다리고 있을 거예요.

차례

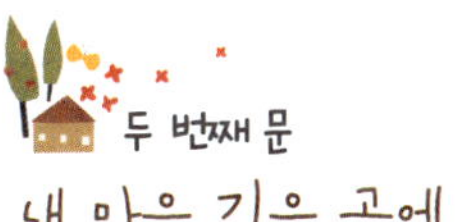

첫 번째 문

새로운 길로 향하는 문

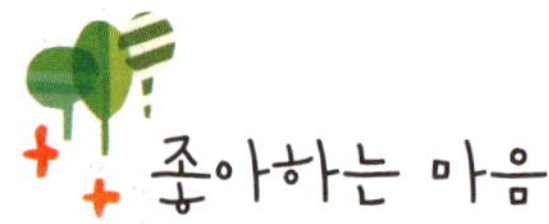

좋아하는 마음

어릴 때부터 일러스트레이터가 되고 싶었어요. 하지만 그 직업을 가지려면 어떻게 해야 하는지 알 수가 없었지요. 마치 아무것도 보이지 않는 깜깜한 터널 속을 손으로 더듬어 걸어가는 기분이었죠. 앞으로 가야겠다는 마음만 있을 뿐 어느 방향으로 가야 하는지 몰랐어요. 하지만 그림을 좋아하고, 그리고 싶어 하는 간절한 마음이 손전등의 작은 불빛처럼 제가 가야할 길을 희미하게 비춰주더군요. 이 작은 빛에 의지해 어두운 터널 속을 계속 걸어갈 수 있었어요. 일러스트레이터의 꿈을 이뤘지만 아직도 제게 '그림 그리는 일'은 여전히 어려운 숙제예요.

불면의 밤을 보내거나 절망에 빠지는 일도 다반사죠. 하지만 그림을 '좋아하는 마음'만은 변함이 없기에 그 빛을 따라 계속 나아갈 거예요.

'좋아하는 마음'을 영원히 잃어버리지 않는 것! 매일 새로운 문을 열 수 있는 열쇠랍니다.

나의 길을 비추고 있는 것은
좋아하는 일을 하고 싶은 마음.
이 길 끝에 있을 무언가를
찾고 있어요.
nami

차곡차곡 쌓이는 하루하루

대학을 졸업하고 사회에 내딛은 첫발. 매일 하루의 대부분을 회사에서 보내는 새내기 직장인 생활을 시작했어요. 일이 즐겁다는 생각은 하지도 못했고 일요일 밤만 되면 항상 우울해지곤 했지요.

매일 아침 출근길, 전철 창밖의 풍경은 틀린그림찾기를 하는 것 같았어요. 어제의 풍경과 오늘의 풍경의 다른 점을 찾아내기 어려웠죠. 하지만 그런 하루하루를 1년 정도 계속하다 보니 일이 조금씩 재미있어지기 시작했어요. 그러니 신기하게도 눈에 비치는 세상도 변하기 시작하더군요. 여전히 전철을 타고, 회사에 가고, 야근을 하는 하루하루였기 때문에 남들 눈에는 아무것도 변한 게 없는 것처럼 보였겠지요. 하지만 제 안에서는 매일 작은 변화가 일어나고 있었어요.

특별할 것 없는 나의 하루하루가 차곡차곡 쌓여 나 자신이 되는 것이라고 매일 아침 전철 밖 풍경을 바라보며 생각합니다.

반복되는 오늘 하루가
나의 길을 만듭니다.

돌고 돌아 목적지에 닿을 때까지

제게는 조금 이상한 자신감이 있어요. 돌고 돌아도 결국엔 목적지에 도착할 거라는 자신감! 창피한 얘기지만 오른쪽과 왼쪽도 가끔 구분하지 못할 때가 있고, 동서남북 같은 건 아예 몰라요. 몇 번씩이나 가본 친구네 집이든 처음 가보는 여행지의 가게든 항상 한참을 헤매다 간신히 찾아가곤 하지요. 친구와 함께했던 해외여행의 추억들도 모두 낯선 길 위에서 만들었답니다. 아무리 걸어도 목적지가 나오지 않는 게 이상해서 함께 노래를 부르며 낯선 길을 걸었던 추억, 일본어밖에 할 줄 모르는 우리가 손짓 발짓으로 길을 물었을 때 친절하게 답해 주시던 아저씨의 얼굴……. 빙빙 돌며 헤매는 동안 만났던 사람들, 소중한 인연들은 만나야겠다고 작정한다고 해서 만날 수 있는 것들이 아니었어요. 요즘 들어서는 바로 목적지에 도착하게 되면 오히려 아쉽다는 생각이 들 정도랍니다.

목적지에는 '언제가 됐든 도착만 하면 된다.'는 것이 제 삶의 방식이에요.

똑바로
똑바로
지금 가고 있는 이 길은
지름길일까?
아니면 돌아가는 길일까?

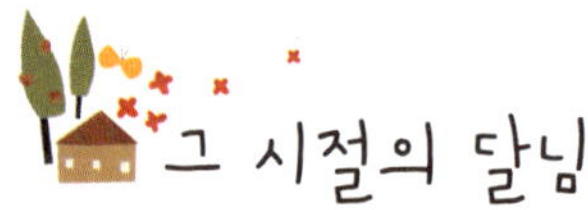

그 시절의 달님

중학생이었던 시절, 매일 함께 집에 가던 친구가 있었어요. 그 친구와 어두워질 때까지 이야기를 나누다 보면 조금 전 얼굴을 내밀었던 달님이 눈 깜짝할 사이에 머리 위까지 와 있곤 했어요. 하지만 중학교를 졸업하고 서로 다른 고등학교에 가게 되면서 그 아이의 존재를 잊어버리게 되었어요. 그 후 오랜 시간이 흘러 고향을 떠나 도쿄에서 일하던 어느 날, 무심코 올려다본 밤하늘의 달님을 보게 되었어요. 갑자기 그 친구가 생각나더군요. 그 시절의 추억들이 떠오르면서 가슴 한구석이 아릿하면서도 한편으로는 따뜻해졌어요. 어른이 된 우리는 이제 같은 달님을 함께 볼 수 없는 사이가 되었지만, 가끔 생각해요. 그 친구와 함께 보았던 달님은 이야기하느라 시간 가는 줄 모르고 걷던 그 길을 여전히 비추고 있을 거라고 말이죠.

그 친구도 달님을 보며 같은 생각을 하고 있지 않을까 생각하며 슬며시 미소 지어봅니다.

집에 가던 길에 만난
내 머리 위를 비추던 달님.
그 친구는 어디서
이 달님을 보고 있을까?
nami

인연의 실타래

사랑을 하고 있을 때 우리의 직감은 정확할 때가 많아요. 그래서 '혹시 내가 누구를 좋아하게 된 걸까?' 라는 생각이 들었다면 그건 이미 사랑에 빠지고 난 후일지도 모르죠.

그런데도 '절대 아니야. 내가 그런 사람을 좋아할 리 없잖아!' 라고 우기며 괜히 친구들에게 상담을 해서 이야기를 복잡하게 만들거나 혹은 그 일을 지나치게 의식한 나머지 평소 나누던 대화조차 할 수 없게 되기도 해요. 인연의 실타래를 헝클어 버리는 거죠.

아무리 엉망진창으로 헝클어지더라도 '좋아하는' 사실은 변하지 않으니, 인연의 실타래가 헝클어지기 전에 자신에게도 상대에게도 솔직해지는 것이 중요해요. 다 아는 이야기지만 행동으로 옮기기엔 쉬운 일이 아니에요.

모든 걸 깨닫고 난 뒤에는 헝클어진 실타래에 단단한 매듭이 생기고 말았을 때죠. 그 매듭을 푸는 데는 오랜 시간이 걸려요.

뱅글뱅글 돌아 얽히고 설켜도 답은 언제나 같아요.
nami

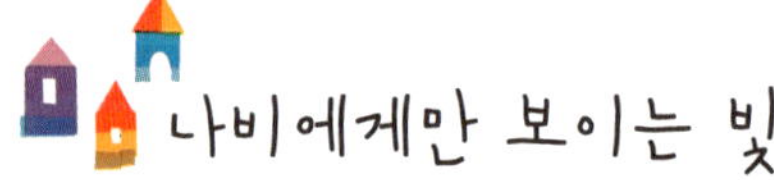

배추흰나비의 암수 구별은 인간의 눈으로는 바로 판단하기 어려워요. 하지만 나비들끼리는 금방 안다고 해요. 배추흰나비의 수컷은 자외선을 흡수하기 때문에 몸에 자외선을 많이 가지고 있는데 인간에게는 보이지 않는 이 자외선이 나비에게는 보이기 때문이죠.

학창시절, 학교 운동장에 모여 있는 수백 명의 학생들 가운데서도 자기가 좋아하는 사람은 단번에 찾아지지 않던가요? 심지어는 콩알같이 작게 보이는 그 아이와 눈까지 마주칠 때도 있죠.

사랑을 하고 있을 때 우리 몸에서 빛이라도 나오는 걸까요? 배추흰나비처럼 보통 사람들 눈에는 보이지 않는 빛이 내게만 보였던 걸까요? 그런 설렘과 능력은 사랑하고 있을 때만 가능한 것이죠.

다른 사람들 눈에는 보이지 않는 그 사람만의 빛, 사랑하는 사람에게만 보이는 특별함이에요.

아무리 멀리 있어도
나는 당신을
금방 찾을 수 있어요.

야경 한 컷

늦은 밤 타게 된 비행기에서 창밖으로 보이는 아름다운 야경을 보았어요. 빌딩 숲 속의 무수한 창들에서 뿜어져 나오는 빛들. 반짝반짝 빛나는 별이 총총히 뜬 하늘을 날고 있는 듯한 황홀경에 빠져들었지요.

그런데 자세히 들여다보니 그 무수한 창문 안에는 전화통화를 하고 있는 사람, 자료를 작성하는 사람, 책상에 앉아 일하는 사람들의 모습이 보였어요. 그리고 비행기 창밖으로 끝없이 펼쳐지는 풍경 어딘가에는 이들이 돌아오기를 기다리고 있을 사람이 있을 거라 생각하니 안쓰러운 마음이 들기도 했어요. 어린아이가 생일인 사람도 있을 테고, 저녁밥을 지어 놓고 기다리는 사람도 있을 테지요. 그런 상상을 하니 '조금이라도 빨리 일이 끝나면 좋을 텐데…….' 라는 생각이 들었어요.

고도를 높여 올라가는 비행기 안에서 작게 사라져가는 불빛들을 바라보며, 나를 기다리고 있을 누군가를 떠올려봅니다.

이 많은 창들 중
어딘가에서
당신도 열심히
일하고 있을 테지요.

인생에서 만나는 여러 가지 문

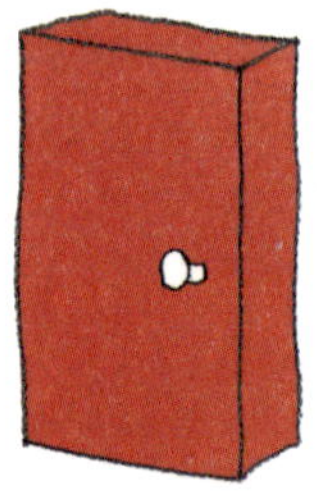

두껍고 육중한 문

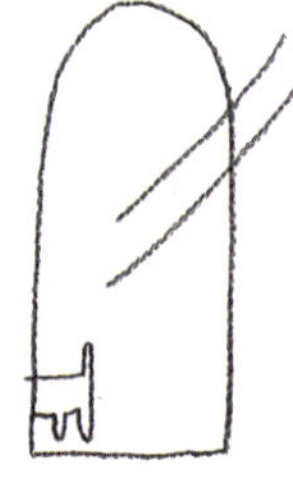

언제나 열려 있는 문

긴장되는 문

여러 군데 열쇠가 채워져 있는 문

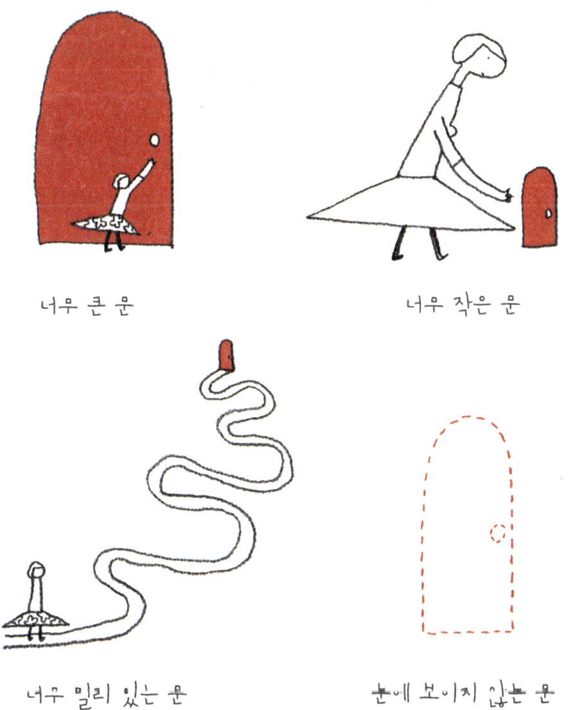
너무 큰 문
너무 작은 문
너무 멀리 있는 문
눈에 보이지 않는 문

두 번째 문

내 마음 깊은 곳에 있는 문

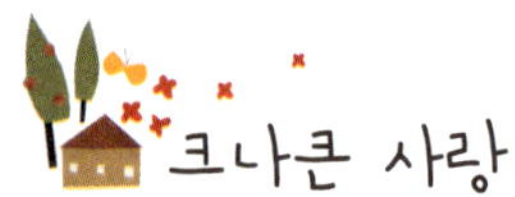

크나큰 사랑

사랑하는 사람의 빛이 되어 줄 수 있다면 얼마나 멋진 일일까요? 아직 어린 마음밖에 갖지 못한 내가 누군가를 사랑하게 되면서 커다란 사랑을 품을 수 있게 된다면 엄청난 성장을 할 수 있겠죠. 누군가를 사랑하게 되면 마음이 불안정해져서 스스로의 마음을 잘 모르게 되는 것 같아요. 점점 더 제멋대로 행동하고, 좋아하는 사람을 난처하게 만들어 그 마음을 확인하고 싶어지니까요. 결국에는 좋아하는 사람에 대한 마음의 불꽃을 꺼버린다면 불안정한 자신으로부터 해방될 수 있을 거라는 생각까지 하게 되죠. 누군가를 좋아한다는 건 괴로운 일이죠. 어른이 된다는 것도 어려운 일이고요. 하지만 어떤 상황에서도 흔들림 없는 사랑으로 상대를 안심시켜줄 수 있다면, 좋아하는 사람에게 빛이 되어 줄 수 있다면, 마음 가득 뿌듯함을 느낄 수 있을 거예요.

넓고 평온한 호수 같은 마음으로 사람을 사랑할 수 있으면 좋겠습니다.

당신을 비추는
내 마음의 불꽃이
부디 꺼지지 않기를.

나만의 자리

사람에게는 반드시 자기 자리가 필요해요. 학교에서도, 교실에서도, 친구들 사이에서도, 회사에서도, 가족들 사이에서도…….

사람들은 좋아하는 사람의 마음속에 언제나 자기 자리가 있다고 믿어요. 하지만 가끔 그 자리가 보이지 않으면 몹시 불안해지죠. 함께 있으면서도 그곳이 내가 있어야 할 자리가 아니라고 느끼는 것만큼 괴롭고 쓸쓸한 일이 또 있을까요? 내가 있어야 할 자리를 찾지 못했을 때 우리는 여러 가지 상상을 하며 골똘히 생각에 빠지곤 하죠.

누군가에게 필요한 사람이 될 때 우리는 '안심'하게 되고, 그 사람의 마음속에 내 자리가 있음을 느낄 수 있어요. 하지만 상대에게 필요한 사람이기만을 바란다면 서로에게 힘든 일이 되겠죠.

사랑하는 사람에 대한 커다란 마음, 그 사람에게 내어줄 마음속 자리. 그것만으로 충분해요.

자신감을 갖고 싶어요.
이곳이 내 자리라는 자신감.
내가 당신에게 필요한
사람이라는 자신감.
nami

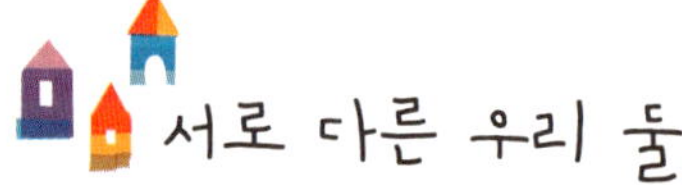

서로 다른 우리 둘

학창시절 비 내리던 어느 날, 차로 마중 나오기로 한 부모님을 기다리고 있는데 문득 이런 생각이 떠올랐어요. 아무런 이유 없이 혼자서 역 한 귀퉁이에 계속 서 있으라고 한다면 괴로운 일이겠지만, 만일 좋아하는 사람과 함께라면 그곳이 어디든 몇 시간이라도 즐겁게 있을 수 있을 것 같다는 막연한 생각.

어른이 된 뒤로는 둘이 함께 있는 시간도 좋지만, 한 공간에서 서로 다른 일을 하고 있어도 편안한 그 순간에 행복을 느끼곤 해요. 밤이면 나는 인터넷을 하고 그는 옆 소파에서 음악을 들으며 책을 읽고 있는 식으로 말이죠. 우리가 '서로 다른 사람'이라는 것을 이해하고 소중하게 여기게 된 거예요. 서로를 좋아한다고 해서 모든 것을 공유할 수는 없는 것 같아요.

다르기 때문에 더 끌리고, 배려하는 마음이 소중하고, 함께 있어 즐거운 거라고 생각해요.

혼자 있는 데는 그만한 이유가 있어요.
둘이 있는 데는 이유가 필요하지 않아요.

사랑의 연쇄작용

지금까지 그런 생각을 한 번도 해본 적이 없었는데, 누군가를 좋아하게 되면서 처음으로 내가 나라는 사람으로 태어나 정말 다행이라고 생각하게 되었어요. '나'이기 때문에 그를 선택했고, '그'이기 때문에 나를 선택해 준 것이니까요. 그를 사랑하는 마음은 커다란 빛처럼 여러 가지 사랑을 깨닫게 해주었어요. 그를 낳아 길러주신 그의 부모님에 대한 감사의 마음. 나를 낳아 길러주신 내 부모님에 대한 감사의 마음. 그리고 그가 좋아해주는 나 자신을 소중히 여겨야겠다는 생각도 하게 되었답니다. 누군가를 사랑하게 되면서 이어지는 사랑의 연쇄작용은 온 세상을 다 감싸 안을 듯 멀리 퍼져나갔지요. 그 커다란 사랑을 깨닫게 된 것이 얼마나 다행인지 모르겠어요.

나 자신이 얼마나 많은 사랑에 둘러싸여 살고 있는지 누군가를 사랑하면서 비로소 알게 되었어요.

선택하고 선택받은 단 하나의 사람.

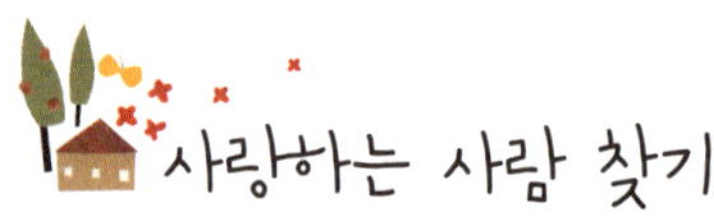

좋아하는 사람을 찾는 일은 행운추첨을 하는 것과 같아요.

1. '우연히' 그와 내가 같은 시간, 같은 장소에 있었다는 것만으로도 대단한 일 (지금! 그는 행운추첨 상자 안에 들어있습니다!).
2. '우연히' 그와 내가 아는 사이가 되었다는 것만으로도 대단한 일 (이때! 나는 상자 안에 손을 넣어 휘젓고 있습니다!).
3. '우연히' 그와 내가 서로 조금이라도 호의를 가졌다는 것은 정말 대단한 일 (딸랑~ 딸랑~ 당첨되었습니다!).

세상에는 수많은 사람들이 있어요. 그 많은 사람들 속에서 단 한 명의 사람을 만나게 되었다는 것은 그야말로 기적이죠. "망설이지 말고 상자 안으로 얼른 손을 집어넣어! 좋아하는 사람을 힘껏 움켜쥐는 거야!" 좋아하는 사람을 찾으려고 노력하지 않는 친구에게 해주고 싶은 말이에요!

많은 사람들 속에서
당신을 바로 찾아낼 수 있었다는 건
나의 길을 잘 걸어왔다는 증거.
nami

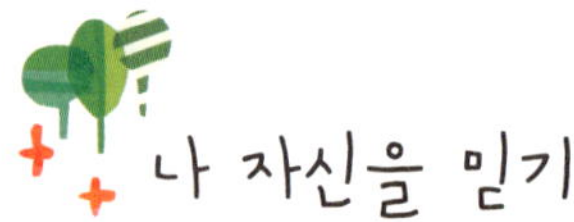

나 자신을 믿기

어릴 적부터 지금까지 우리는 셀 수 없이 많은 선택들을 해왔어요. 머리를 자르고, 친구와 다투고, 나 홀로 여행을 떠났죠. 사랑하는 사람을 만나고, 헤어지기도 했어요. 그 선택의 결과가 바로 '지금의 나'를 만들었다고 생각해요. 그때 다른 선택을 했었더라면 지금의 내가 아닌 다른 모습이 되었을지도 모르죠. 하지만 저는 지금의 모습이 최선이라고 생각해요. 지금까지 셀 수 없이 많은 선택들을 스스로 결정하고, 때로는 실패하고 때로는 성공하면서 지금에 이르렀기 때문이죠. 하지만 경험을 통해 알게 된 나의 나쁜 점도 분명히 인정하지 않을 수 없어요. 완강한 고집과 쉽게 욱하는 성급함……. 이런 나쁜 점들을 금방 잊어버려서 매번 어리석은 실패를 반복하는지도 모르겠어요.

무언가 선택을 해야 할 때, 나 자신을 믿는 것! 이 마음 때문에 지금까지 지치지 않고 걸어올 수 있었어요.

인생에는 수많은 길이 있어요.
수많은 선택이 지금의 '나'를 만들었어요.
나만의 직감을 믿을 수 있는 건
오로지 자신뿐이에요.

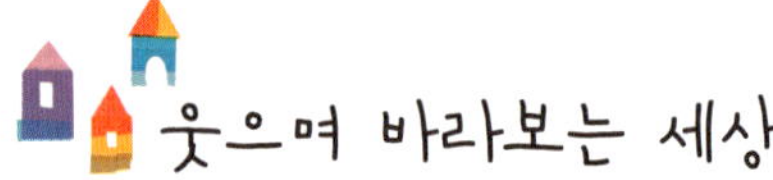

웃으며 바라보는 세상

가끔 혼자 히죽거리며 거리를 걷는 남자 중학생을 볼 때면, 그 남학생이 예쁜 여학생에게 고백이라도 받은 것은 아닐까 혼자 상상을 해보곤 해요. 기쁜 소식을 듣고 난 후 눈에 보이는 세상은 그전과 달라요. 온 세상이 환해지고 총천연색으로 물든 것 같은 느낌이 들죠. 기쁜 소식을 들으면 자연스레 뺨과 함께 입꼬리가 올라가면서 씨익 웃게 되요. 웃으며 바라보는 세상은 반짝반짝 빛이 나요. 여기에 들뜬 기분까지 더해져서 좋은 일이 있었던 날은 정말이지 온 세상이 달라 보이죠. 너무 기쁠 때는 '뺨을 내려야지.' 생각하면서도 입꼬리까지 올리고 활짝 웃어버리고 만답니다.

기분이 울적할 때면 입꼬리를 한껏 올리고 하늘을 올려다봅니다. 그렇게만 해도 기분이 조금은 밝아지는 것 같아요.

미소를 지으며
세상을 바라보면
나의 하루도
반짝반짝 빛납니다.
nami

자신만의 문을 찾는 방법

자기 내면의 문을 연다.

열심히 책을 읽는다.

새로운 친구를 만난다.

자신의 직감을 믿는다.

손에 잡히는대로 열어본다.

여행을 떠난다.

좋아하는 일에 몰두한다.

잃어버린 열쇠를 찾는다.

세 번째 문

치맛자락을 펄럭이며 새로운 문을 향해

특별할 것 없는 시간들

저는 특별할 것 없는 하루하루가 쌓여 평화롭고 만족스러운 삶이 된다고 생각해요. "점심은 뭘 먹었어?" "커피 마실래?" 같은 정말이지 별것 아닌 일들을 느긋하게 묻고 이야기 나누는 순간이 제게는 너무나 소중해요. 서로 바쁘다 보면 시간도 없고 피곤해서 이런 말조차 나누지 못하는 경우가 많죠. 하지만 무심한 듯 나누는 이런 대화들은 정말 중요해요. 평소에 별것 아닌 일들에 대해 서로 이야기를 나누다 보면 대수롭지 않은 일들로 싸울 일이 없어지니까요. 밥을 먹으면서, 밥 먹은 후 잠시 짬을 내서, 잠들기 전 몇 분 동안, 하루 중 아주 짧은 시간이라도 느긋한 마음으로 둘이서 함께 이야기 나누는 시간을 가질 수 있으면 좋겠어요.

매일같이 서로에게 하고 싶은 말, 듣고 싶은 말을 하다보면 평범한 하루도 특별하게 느껴져요.

어제와 같은 오늘 하루.
당신과 함께 나누고,
이야기하고 싶어요.

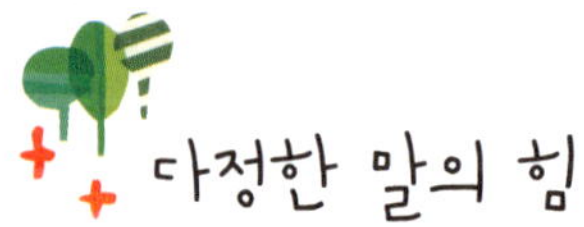

다정한 말의 힘

힘든 일이 생길 때마다 아주 오래전 친구가 해준 말을 떠올리곤 해요. "걱정 마. 틀림없이 다 잘될 거야." 그 말은 작은 빛이 되어 빙빙 돌아 내 마음속을 환하게 비춰줍니다. 좋은 말에는 좋은 '기운'이 가득 차 있기 때문이겠죠. 그 말들은 마음 한구석에 자리 잡고 있다가 무슨 일이 생기면 마치 부적처럼 나를 밝고 기운 나게 해줍니다.

상처 주는 말도 사라지지 않고 마음 한구석에 남죠. 좋은 말이 빛이라면 나쁜 말은 어둠이에요. 마음속을 빙빙 돌면 돌수록 마음은 더 어두워지고 말아요. 소중한 사람의 마음을 밝게 비추는 말을 하고 있을까? 소중한 사람을 말로 상처 입히고 있지는 않을까? 가만히 생각해봅니다.

다정한 말을 전할 줄 아는 다정한 사람 되기. 누군가와 이야기를 나누기 전에 마음속으로 다짐하는 저만의 약속이에요.

내가 틔운 작은 싹이
언젠가 누군가에게
도움이 될 수 있다면 좋겠어요.

유일한 존재

누군가의 의견을 좇아 나의 인생을 결정한다는 것은 정말 아까운 일이라고 생각해요. 설령 실패하더라도 스스로 결정한 일이라면 실패한 자신을 뛰어넘을 수 있어요. 하지만 누군가의 탓으로 돌려 도망갈 구멍을 남겨놓는다면 언제까지나 실패를 남의 탓으로 돌린 채 앞으로 나가지 못할 것 같아요. '혼자'라는 경험은 나 자신이 유일한 존재라는 소중한 사실을 깨닫게 해줍니다. '단 한 번뿐인 인생, 내 생각대로 살자.' '내 인생의 주인공은 바로 나, 누군가의 조연에 머무는 삶을 살지는 않겠다.' 라는 생각으로 나 자신을 위해, 내 꿈을 위해 한눈팔지 않고 똑바로 살아가는 것이 중요해요.

자기 자신을 진심으로 믿는 것, 자신을 뛰어넘는 길이에요.

올려다본 하늘, 스커트의 무늬, 예전에 좋아했던 노래, 일기 한 귀퉁이에 메모한 말들, 컵에 꽂아둔 꽃, 한 줄의 응원, 노크하는 용기

자신의 한계를
뛰어넘을 수 있는 기회는
아주 가까운 곳에 있어요.

rami

만남의 문

새로운 사람과 만날 때마다 새로운 문이 열리는 것 같은 기분이 들어요. 생각해 보면 지금까지 내가 만나온 '사람'들이 내가 나아가야 할 길을 인도해 주는 길잡이 역할을 해주었어요.

문을 열 수 있는 열쇠는 바로 '좋아하는 마음'이라고 생각해요. 좋아하는 사람에 대해 좀 더 알고 싶어 하는 마음, 좋아하는 것을 좀 더 공부하고 싶어 하는 마음이 '안테나'가 되어 만남의 문을 찾게 해주는 것 같아요. 그 만남의 문을 열고 기다려 주는 것은 항상 '사람'이에요. '좀 더 알고 싶다.'는 마음이 마치 '열려라 참깨!' 라는 주문처럼 문을 열리게 하고 소중한 사람과 만나게 해주었어요. '좋아하는 마음'을 따라가다 보면 많은 사람들과 만나게 되고 인생의 문도 열리게 될 거라고 생각해요.

낯선 문 앞에서 섰을 때, 두려운 마음보다는 새로운 만남에 대한 설렘으로 행복해요.

문을 여세요.
한 발만 내딛으면
새로운 세계를
만나게 될 거예요.
nami

나만의 이야기

소중한 것을 많이 간직한 사람이 되고 싶어요. 소중한 것이란 '물건'이 아니라 '나만의 이야기'예요. 그림 속에 있는 것들은 전부 내게는 소중한 것들이죠. '이정표가 되어주는 산'은 어린 시절 고향에서 마음이 불안할 때마다 바라보곤 했던 산이에요. '기차의 맨 앞칸'은 기차로 통학할 때 내가 가장 좋아했던 장소예요. 앞으로 쭉 뻗어 있는 선로의 맨 끝을 보고 있노라면 나 역시도 그렇게 똑바로 나의 길을 갈 수 있을 것 같은 가슴 벅찬 기분이 들곤 했어요. '큰 가방을 들고 어디 가니?'에는 고등학교를 졸업한 남동생이 갑자기 '도쿄에 가겠다!'고 가방 하나만 달랑 메고 집을 나가던 날 밤, 배웅을 하고 온 가족들이 모두 울었던 이야기가 담겨 있어요. 훗날 가슴 찡하게 추억할 수 있는 소중한 '나만의 이야기'를 간직할 수 있는 건 멋진 일이라는 생각이 들어요.

일상 속에 숨어 있는 소중한 것들을 찾아내고 기억하며 살아갈 거예요.

내가 소중히 여기는 것들

이정표가 되어주는 산

누군가를 기다리는 나

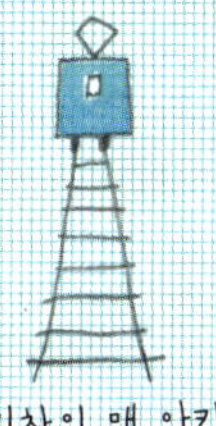

기차의 맨 앞칸

아담한 내 방

누군가를 만나게 될 내일

큰 가방을 들고
어디 가니?

이 길의 끝에 있는
우연가를 찾는 것

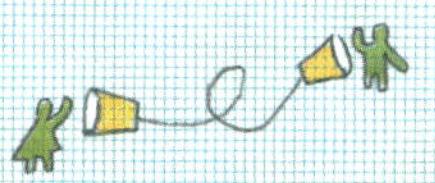

먼 데서 들리는 소리

바람 부는 거리

가장 맑은 곳

마음속 어딘가에 맑고 투명한 곳이 있다고 생각했으면 좋겠어요. 눈을 감으면 언제나 아름다운 것을 생각할 수 있는 곳이 내 안에 있다고 생각하면 어떤 상황에서도 실수하지 않고 똑바로 걸어갈 수 있을 것 같아요.

저는 심술궂고 제멋대로인 데다가, 항상 예쁘고 상냥한 마음만으로는 살 수 없는 사람이에요. 그래서 나쁜 생각을 할 때는 얼굴 표정도 마음도 어두워지죠. 마음이 탁해질 때면 아름다운 것을 생각하고 행동으로 옮기려고 노력해요. 그리고 언제나 내 안에 머물고 있는 맑고 투명한 곳을 조용히 생각해요. 그러면 탁한 것들이 투명하게 정화되고 있다는 기분이 들어요.

기분이 좋지 않을 땐 '아무것도 필요 없어요. 전부 다 드릴게요.' 라고 마음속으로 이야기합니다.

아무것도 필요 없어요.
전부 다 드릴게요.

머리 위의 달님

어릴 적부터 달님은 항상 머리 위에서 절 지켜보고 있었어요. 매일 하늘을 보는 건 아니었지만 달님이 머리 위에 있다는 걸 언제나 마음 한켠에 새겨두고 있었지요.

괴로울 때나 외로울 때, 기쁠 때, 즐거울 때, 내가 어떤 모습을 하고 있든 한결같이 보듬어주던 다정한 달빛은 마치 엄마의 눈빛 같았어요.

일을 마치고 집으로 돌아가는 길, 달님이 나를 지켜보고 있으니 내일도 열심히 살아야겠다고 생각하곤 합니다.

누군가 나를 조용히 지켜봐주는 것, 오늘 하루도 신나게 시작할 수 있는 힘이 되어 줍니다.

오늘도 바쁜 하루를 보낸 당신,
늘 같은 곳에서 지켜보고 있어요.

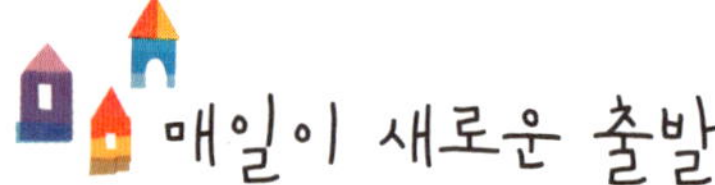

매일이 새로운 출발

저는 언제나 매일이 새로운 출발이라고 생각해요. '자, 오늘도 열심히 살자!' 라고 매일 아침 다짐하는 것만으로도 마음이 설레요. 당연한 말이지만, 오늘은 오늘뿐이에요. 어제와 똑같은 오늘은 결코 있을 수 없어요. 딱 하루밖에 없는 '오늘'이라는 날. 그렇게 생각하면 '오늘'이 너무 가엾게 느껴져 하루하루를 소중히 여겨야겠다는 생각이 들어요.

저는 아무리 하찮은 것이라도 오늘이라서 느낄 수 있는 것들을 소중히 여기려고 해요. '오늘'이라는 날을 만드는 것은 자기 자신이기 때문이죠. '밥이 맛있었다.'여도 좋고 '하늘이 맑았다.'여도 좋고 '화가 났다.'여도 좋고 '베란다의 꽃이 피었다.'여도 좋습니다. 단 하루밖에 없는 '오늘'에게 '아무것도 없는 하루였다.'고 말하는 건 너무 가여운 일이에요.

지금 이 순간밖에 없는 '오늘'을 위해, 하루하루를 소중히 여기며 보내야겠다고 마음먹습니다.

지금부터가
나의 새로운 시작.

열리지 않는 문을 여는 방법

주문을 외워본다.

때려 부순다.

방법을 찾는다.

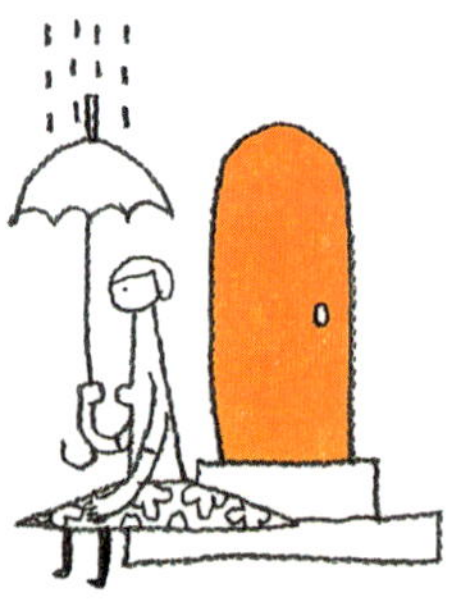

열릴 때까지 기다린다.

노크한다.

밀어서 열리지 않으면
잡아당겨 본다.

목소리를 바꾼다.

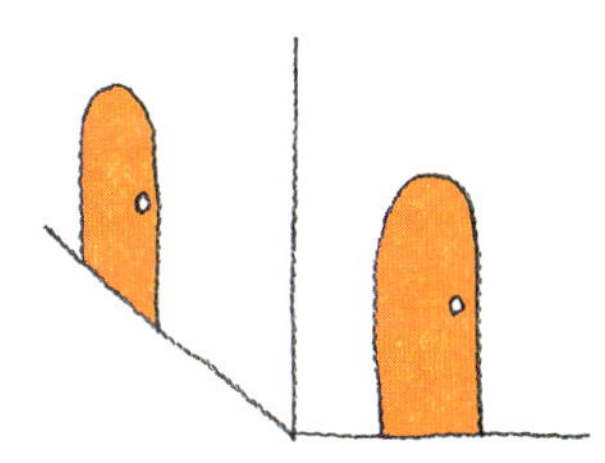

다른 문을 찾는다.

열렸다. 나의 문!

찾았다. 내가 가야 할 길!